工会工作知识题库系列丛书

工会劳动和经济工作知识题库

学习强会 编

中国工人出版社

图书在版编目（CIP）数据

工会劳动和经济工作知识题库 / 学习强会编 .—
北京：中国工人出版社，2023.6
ISBN 978-7-5008-8195-7

Ⅰ . ①工… Ⅱ . ①学… Ⅲ . ①工会工作－中国－干部
培训－习题集 Ⅳ . ① D412.6-44

中国国家版本馆 CIP 数据核字（2023）第 099616 号

工会劳动和经济工作知识题库

出 版 人 董 宽
责任编辑 董芳璐
责任校对 张 彦
责任印制 栾征宇
出版发行 中国工人出版社
地　　址 北京市东城区鼓楼外大街45号 邮编：100120
网　　址 http://www.wp-china.com
电　　话 （010）62005043（总编室）
（010）62005039（印制管理中心）
（010）62382916（工会与劳动关系分社）
发行热线 （010）82029051 62383056
经　　销 各地书店
印　　刷 北京市密东印刷有限公司
开　　本 787毫米 × 1092毫米 1/32
印　　张 3.5
字　　数 50千字
版　　次 2023年7月第1版 2023年7月第1次印刷
定　　价 16.00元

本书如有破损、缺页、装订错误，请与本社印制管理中心联系更换

目　录
CONTENTS

单项选择题

扫码闯关答题

1. 工会劳动和经济工作是（　）的简称。

A. 工会劳动工作和工会经济工作

B. 工会劳动保护工作和工会经济技术工作

C. 工会劳动保障工作和工会经济技术工作

D. 工会劳动生产工作和工会经济建设工作

2. 工会经济技术工作也称为（　）。

A. 劳动安全卫生工作　B. 职工经济技术工作

C. 国家经济建设工作　D. 安全生产工作

3. 工会经济技术工作的内容不包括（　）。

A. 劳动和技能竞赛　B. 技术培训

C. 岗位练兵　D. 安全生产

4. 生产经营单位新建、改建、扩建工程项目的安全设施，必须与主体工程（　）。

A. 同时设计、同时施工

B. 同时设计、同时投入生产和使用

C. 同时施工、同时投入生产和使用

D. 同时设计、同时施工、同时投入生产和使用

5. 工会劳动保护工作的主要任务不包括（　）。

A. 组织开展群众性安全生产和职业病防治活动

B. 参加职工伤亡事故和职业危害事件的调查处理

C. 评选表彰先进，弘扬劳模精神、劳动精神、工匠精神

D. 组织开展面向职工的安全生产和职业病防治知识宣传、普及

6. 2014 年 4 月 30 日，习近平总书记在乌鲁木齐接见劳动模范和先进工作者、先进人物代表时，提出（　）。

A. 劳模精神　　B. 劳动精神

C. 工匠精神　　D. 奉献精神

7. 2016 年 4 月 26 日，习近平总书记在安徽合肥主持召开知识分子、劳动模范、青年代表座谈会时，提

出（　）。

A. 劳模精神　　B. 劳动精神

C. 工匠精神　　D. 奉献精神

8. 2020 年 11 月 24 日，在全国劳动模范和先进工作者表彰大会上，习近平总书记指出，“在长期实践中，我们培育形成了爱岗敬业、争创一流、艰苦奋斗、勇于创新、淡泊名利、甘于奉献的（　），崇尚劳动、热爱劳动、辛勤劳动、诚实劳动的（　），执着专注、精益求精、一丝不苟、追求卓越的（　）”。

A. 劳模精神　劳动精神　工匠精神

B. 工匠精神　劳动精神　劳模精神

C. 劳动精神　劳模精神　工匠精神

D. 工匠精神　劳模精神　劳动精神

9. 2016 年 8 月，习近平总书记明确要求就新时期产业工人队伍建设改革提出总体思路和系统方案，并明确提出由（　）牵头抓总。

A. 国家发展改革委　　B. 全国总工会

C. 工信部　　　　　　　　D. 人社部

10. 2017年2月6日，习近平总书记主持召开（　），审议通过《新时期产业工人队伍建设改革方案》。

A. 中央全面深化改革领导小组第三十次会议

B. 中央全面深化改革领导小组第三十一次会议

C. 中央全面深化改革领导小组第三十二次会议

D. 中央全面深化改革领导小组第三十三次会议

11. （　），中共中央、国务院正式印发《新时期产业工人队伍建设改革方案》。

A. 2017年2月6日　　　　B. 2017年2月14日

C. 2017年4月6日　　　　D. 2017年4月14日

12. 产业工人队伍建设改革的五大重点任务包括（　）。

A. 政治引领、建功立业、技能提升、地位提高、队伍壮大

B. 政治引领、建功立业、素质提升、地位提高、队伍壮大

C. 思想引领、建功立业、技能提升、地位提高、

队伍壮大

D. 思想引领、建功立业、素质提升、地位提高、队伍壮大

13. 工会贯彻落实产业工人队伍建设改革方案的重要载体和手段是，广泛深入持久地开展（　）。

A. 劳动竞赛　　B. 岗位练兵

C. 职工职业技能竞赛　　D. 技能练兵

14. 我国产业工人在产业分布、（　）上，呈现不同特点。目前，超过八成产业工人集中在第二产业，近八成产业工人集中在制造业和建筑业，近六成产业工人集中在东部地区，近六成产业工人集中在国有大中型企业。

A. 行业分布　　B. 地域分布

C. 企业规模分布　　D. 以上都包括

15. 2018 年 10 月 29 日，习近平总书记在同全国总工会新一届领导班子成员集体谈话时指出，产业工人队伍建设改革是党和国家一项具有战略性、全局性的

重大决策部署，工会要牵头抓好贯彻落实，引导广大产业工人勤于钻研技术，练就过硬本领，加快建设一支宏大的（　）产业工人大军。

A. 知识型、技能型、创造型

B. 知识型、技能型、创新型

C. 知识型、技术型、创新型

D. 实干型、技能型、创新型

16. 2020年11月24日，习近平总书记在全国劳动模范和先进工作者表彰大会上强调，要推进产业工人队伍建设改革，落实产业工人思想引领、建功立业、素质提升、地位提高、队伍壮大等改革措施，造就一支（　）的宏大产业工人队伍。

A. 有理想守信念　　B. 懂技术会创新

C. 敢担当讲奉献　　D. 以上都包括

17. 2022年4月27日，习近平总书记（　），强调技术工人队伍是支撑中国制造、中国创造的重要力量。

A. 致信祝贺首届全国职业技能大赛举办

B. 对职业教育工作作出重要指示

C. 在致首届大国工匠创新交流大会的贺信中

D. 在全国劳动模范和先进工作者表彰大会上

18.《新时期产业工人队伍建设改革方案》的主要改革举措包括加强和改进产业工人队伍思想政治建设、构建产业工人技能形成体系、运用互联网促进产业工人队伍建设等（　）个方面（　）条具体措施。

A. 五　25　　B. 五　20

C. 八　25　　D. 八　20

19. 产业工人队伍建设改革的组织领导包括（　）。

A. 推进产业工人队伍建设改革协调小组及办公室

B. 全国总工会推进产业工人队伍建设改革工作领导小组

C. 各地推进产业工人队伍建设改革组织领导机构

D. 以上都包括

20. 推进产业工人队伍建设改革协调小组组长由（　）担任。

A. 全国总工会主要负责同志

B. 全国总工会分管负责同志

C. 成员单位的主要负责同志

D. 工会主席或副主席

21. 推进产业工人队伍建设改革协调小组办公室设在全国总工会，办公室主任由（　）兼任。

A. 推进产业工人队伍建设改革协调小组组长

B. 推进产业工人队伍建设改革协调小组副组长

C. 推进产业工人队伍建设改革协调小组成员

D. 推进产业工人队伍建设改革协调小组联络员

22. 2021 年 6 月，全国总工会成立全国总工会推进产业工人队伍建设改革工作领导小组，由（　）担任组长。

A. 全国总工会党组书记、副主席、书记处第一书记

B. 全国总工会书记处相关负责同志

C. 全国总工会劳动和经济工作部主要负责同志

D. 推进产业工人队伍建设改革协调小组组长

23. 以下属于产业工人队伍建设改革的工作机制的是（　）。

A. 协调小组及办公室工作机制

B. 评价考核机制

C. 全国产业工会作用发挥机制

D. 以上都包括

24. 2020 年 8 月，推进产业工人队伍建设改革协调小组出台（　）。

A.《推进产业工人队伍建设改革协调小组工作机制》

B.《推进产业工人队伍建设改革协调小组工作规则》

C.《推进产业工人队伍建设改革协调小组考核机制》

D.《推进产业工人队伍建设改革协调小组培训机制》

25. 推进产业工人队伍建设改革协调小组原则上（　）召开一次协调小组会议，研究提出产业工人队伍建设改革阶段性工作规划、年度工作计划及工作总结，加强宏观指导、政策协调和组织推进。

A. 每月　　B. 每季度

C. 每半年　　D. 每年

26. 2021 年 6 月，推进产业工人队伍建设改革协调小组印发《关于健全完善推进产业工人队伍建设改革协调小组办公室工作机制的通知》，明确协调小组办公室下设（　）个工作小组，实行组长负责制，（　）召开一次会议，通报各小组工作情况，就下一步工作和有关重点难点问题进行研究。

A. 六　每季度　　B. 六　每半年

C. 七　每季度　　D. 七　每半年

27. （　），推进产业工人队伍建设改革协调小组印发《关于建立推进产业工人队伍建设改革工作情况评价考核机制的意见》。

A. 2021 年 3 月　　B. 2021 年 4 月

C. 2022 年 3 月　　D. 2022 年 4 月

28. 产业工人队伍建设改革的评价考核机制中，综合评价考核围绕组织领导、思想引领、素质提升、队伍壮大、地位提高、权益维护、社会评价等方面，建立由（　）个一级指标、（　）个二级指标和（　）个三级指标构成的考核指标体系。

A. 7　14　80　　B. 7　25　88

C. 8　14　80　　D. 8　25　88

29. 产业工人队伍建设改革的评价考核机制中，关键绩效评价考核以改革目标为牵引、以改革结果为导向，从提高产业工人政治地位、经济地位、社会地位三方面，明确（　）项关键绩效指标。

A. 12　B. 14　C. 16　D. 18

30. 产业工人队伍建设改革的评价考核机制，（　）对各地产改工作情况进行汇总分析，（　）组织一次全国性产改工作情况评价考核，（　）开展一次全国性产改专项督查，充分发挥评价考核的“指挥棒”作用。

A. 每季度　每年　每两年

B. 每半年　每年　每两年

C. 每年　每两年　每三年

D. 每年　每两年　每五年

31. （　），推进产业工人队伍建设改革协调小组印发《关于建立全国产业工会推进产业工人队伍建设改革作用发挥机制的意见》。

A. 2021 年 6 月　　B. 2021 年 11 月

C. 2022 年 6 月　　D. 2022 年 11 月

32. （　），推进产业工人队伍建设改革协调小组印发《关于建立健全推进产业工人队伍建设改革专题培训机制的意见》。

A. 2021 年 3 月　　B. 2021 年 4 月

C. 2022 年 3 月　　D. 2022 年 4 月

33. 开展分级分类培训，全国总工会会同有关部委，（　）举办一期专题研讨班或培训班，各省级推进产业工人队伍建设改革组织领导机构（　）举办一期培训班，各全国产业工会根据系统特点加强培训，基层工会立足实际组织有针对性的应用培训。

A. 每半年　每季度

B. 每半年　每半年

C. 每年　每半年

D. 每年　每年

34. 充分利用（　）等平台，为产业工人开展网络专题培训。

A. “学习强国”

B. “技能强国–全国产业工人学习社区”学习平台

C. 各级工会网络平台

D. 以上都包括

35. （　），推进产业工人队伍建设改革协调小组印发《关于建立发挥企业推进产业工人队伍建设改革主体作用机制的意见》。

A. 2021 年 3 月　　B. 2021 年 11 月

C. 2022 年 3 月　　D. 2022 年 11 月

36. 2022 年 11 月，全国总工会、国务院国资委联合印发（　），为国有企业深化产改、充分发挥示范带动作用提供了政策依据和工作指导。

A.《关于建立全国产业工会推进产业工人队伍建设改革作用发挥机制的意见》

B.《关于充分发挥国有企业在推进产业工人队伍建设改革中带动作用的意见》

C.《关于建立发挥企业推进产业工人队伍建设改革主体作用机制的意见》

D.《关于充分发挥工会在建设知识型、技术型、创新型技术工人队伍中作用的意见》

37. 2022 年 8 月，推进产业工人队伍建设改革协调小组印发《关于建立健全推进产业工人队伍建设改革分类指导机制的意见》，针对（　）等不同群体产业工人队伍建设改革工作，提出分类指导意见。

A. 高技能领军人才　　B. 技术工人

C. 农民工　　D. 以上都包括

38. 劳动和技能竞赛是工会组织开展的旨在（　）的一系列活动。

A. 激发职工主人翁精神

B. 调动职工积极性

C. 团结动员职工投身国家经济建设

D. 以上都包括

39. 劳动和技能竞赛应具备的基本内涵不包括（　）。

A. 创新　　B. 创先

C. 创优　　D. 创利

40. （　）是劳动和技能竞赛的首要特点。

A. 个体性　　B. 群众性

C. 广泛性　　D. 民主性

41. 劳动和技能竞赛所要实现的目标是建立在（　）基础上的。

A. 职工自觉自愿　　B. 行政命令

C. 政府资金支持　　D. 以上都不是

42. 劳动和技能竞赛强调（　）。

A. 政府的责任感　　B. 职工的主人翁责任感

C. 职工的社会责任感　　D. 企业的社会责任感

43. 劳动和技能竞赛鼓励职工在竞赛中扮演（　）的角色。

A. 观众　　B. 参与者

C. 裁判员　　D. 管理者

44. 能够参加劳动和技能竞赛的人员包括（　）。

A. 生产工人　　B. 工程技术人员

C. 经营管理人员　　D. 以上都包括

45. 有关（　）的内容，可以纳入劳动和技能竞赛。

A. 生产　　B. 经营

C. 管理　　D. 以上都包括

46. 劳动和技能竞赛对企业的作用是（　）。

A. 提高企业的政治地位　　B. 提高企业的竞争能力

C. 缩小企业规模　　D. 减少企业员工数量

47. 在劳动和技能竞赛活动中，实行的是（　）的管理方法。

A. 自下而上的群众自我管理

B. 自上而下的行政管理

C. 自下而上的群众自我管理与自上而下的行政管理相结合

D. 以上都不是

48. 劳动和技能竞赛应遵循的原则不包括（　）。

A. 为经济建设和企业生产经营服务

B. 将物质奖励放在首位

C. 互相学习、互相帮助、取长补短、共同提高

D. 有利于职工群众参与

49. 在制定劳动和技能竞赛目标时，应坚持（　）的原则。

A. 从领导中来，到群众中去

B. 从专家中来，到职工中去

C. 从群众中来，到群众中去

D. 从企业外部来，到企业内部去

50. 为使劳动和技能竞赛活动富有吸引力，需要注意（　）。

A. 竞赛形式灵活多样

B. 竞赛形式一成不变

C. 竞赛内容固定不变

D. 强制要求职工参加

51. 劳动和技能竞赛的特点是（　）。

A. 由领导制定目标，职工执行

B. 群众性很强

C. 竞赛形式单一

D. 以物质奖励为主

52. 劳动和技能竞赛的奖励包括（　）。

A. 精神奖励　　B. 物质奖励

C. 荣誉称号　　D. 以上都包括

53. 劳动和技能竞赛的奖励原则是（　）。

A. 以物质奖励为主

B. 以精神奖励为主

C. 精神奖励与物质奖励并重

D. 精神奖励与物质奖励，二者有其一即可

54. 被列宁誉为“伟大的创举”的（　），是有史以来

最早的社会主义劳动竞赛。

A. “共产主义星期六义务劳动”

B. “生产模范队”

C. “大生产运动”

D. “新纪录运动”

55. 我国的劳动和技能竞赛始于（　）中国共产党领导的中央苏区。

A. 20 世纪 10 年代　　B. 20 世纪 20 年代

C. 20 世纪 30 年代　　D. 20 世纪 40 年代

56. 新中国成立前的劳动和技能竞赛包括（　）。

A. 晋绥解放区开展的学习模范工人张秋凤运动

B. 冀鲁豫革命根据地开展的学习模范工人甄荣典运动

C. 东北根据地开展的“新纪录运动”

D. 以上都包括

57. 在（　），各级工会在全国职工中组织开展了技术革新运动和“社会主义竞赛”、“先进生产者运动”，掀起了“比学赶帮超”的热潮。

A. 新中国成立前　　　　B. 计划经济时期

C. 改革开放初期　　　　D. 21 世纪初期

58. 从 1997 年开始，全国总工会先后在（　）等重大工程建设中组织开展重大工程竞赛。

A. 三峡工程、西气东输工程、杭州湾大桥工程、青藏铁路工程、北京奥运工程

B. 三峡工程、西气东输工程、青藏铁路工程、杭州湾大桥工程、北京奥运工程

C. 三峡工程、青藏铁路工程、西气东输工程、杭州湾大桥工程、北京奥运工程

D. 青藏铁路工程、三峡工程、西气东输工程、杭州湾大桥工程、北京奥运工程

59. 《中华全国总工会 2011—2015 年劳动竞赛规划》中明确提出了在重大工程建设中普遍开展劳动竞赛的目标任务，围绕实现这一目标，指出要在重大工程建设中开展以“五比一创”为主要内容的竞赛。

“五比一创”具体是指（　）。

A. 比工程质量、比建设工期、比技术创新、比科学管理、比文明施工，创和谐团队

B. 比工程质量、比建设工期、比技术创新、比科学管理、比工程效益，创和谐团队

C. 比工程质量、比建设工期、比技术创新、比科学管理、比文明施工，创高效团队

D. 比工程质量、比建设工期、比技术创新、比科学管理、比工程效益，创高效团队

60. “十二五”期间，按照《中华全国总工会 2011—2015 年劳动竞赛规划》的有关要求，全国总工会先后将（　）、福建平潭综合实验区、广州南沙（深圳前海、珠海横琴）新区、兰州新区和山西省国家资源型经济转型综合配套改革试验区八个国家级新区（实验区）建设的劳动和技能竞赛作为促进区域发展全国示范性竞赛。

A. 天津滨海新区、上海浦东新区、重庆两江新区、浙江舟山群岛新区

B. 上海浦东新区、重庆两江新区、天津滨海新区、浙江舟山群岛新区

C. 上海浦东新区、天津滨海新区、重庆两江新区、浙江舟山群岛新区

D. 上海浦东新区、天津滨海新区、浙江舟山群岛新区、重庆两江新区

61. “十四五”期间，全国总工会建立了全国引领性劳动和技能竞赛项目库，将（　）等一批竞赛项目纳入其中。

A. 国和一号示范工程劳动竞赛

B. 助推浙江高质量发展建设共同富裕示范区劳动和技能竞赛

C. “聚力‘六比一创’创造雄安质量”劳动和技能竞赛

D. 以上都包括

62. 班组民主管理的基本组织形式是（　）。

A. 工会小组　　B. 班组民主会

C. 职工代表大会　　D. 企业领导会议

63. 班组民主会（　）由工会小组长和职工代表组织召开。

A. 每周　　B. 每月

C. 每季度　　D. 每半年

64. 职工技能培训的作用不包括（　）。

A. 提高劳动生产率

B. 提高产品技术含量和竞争力

C. 提高科技成果的转化率

D. 直接提高职工收入水平

65. （　）1776年在《国富论》一书中指出，一个工人技能的提高，如同一部机器或一种工具的改进一样，可以节约劳动、提高效率。

A. 凯恩斯　　B. 亚当·斯密

C. 戴维·休谟　　D. 史蒂文·科恩

66. 联合国教科文组织的资料表明，与文盲相比，小学毕业生可提高劳动生产率（　），初中毕业生可提高（　），大学毕业生则可达（　）。

A. 33%　108%　200%　　B. 43%　108%　200%

C. 33%　108%　300%　　D. 43%　108%　300%

67. （　）投资对经济增长的贡献远比物质资本的增加大得多，职工的（　）是提高劳动生产率的最有效途径，也是企业人力资本增值的重要途径。

A. 人力资本　科学管理　　B. 人力资本　教育培训

C. 技术知识　科学管理　　D. 技术知识　教育培训

68. （　）是企业内部开展的技能培训。

A. 基础性培训　　B. 职业技能培训

C. 再就业培训　　D. 创业培训

69. （　）是面向社会开展的技能培训。

A. 基础性培训　　B. 技术等级培训

C. 适应性培训　　D. 职业技能培训

70. 应知培训的内容由“三基”知识、专业知识、外延知识三个方面组成，“三基”知识具体包括（　）。

A. 基本原理　　B. 基本知识

C. 基本计算　　D. 以上都包括

71. 再就业培训是面向（　）开展的技能培训。

A. 生产工人　　B. 下岗失业人员

C. 城乡劳动者　　D. 进城务工的农村劳动者

72. 通过对有创业愿望并具备一定创业条件的人员实施（　），使其掌握相关知识和技巧，增强抵御市场风险的能力，提高成功开业率和稳定经营率，实现创业带动更多就业的效果。

A. 就业培训　　B. 再就业培训

C. 创业培训　　D. 农村劳动力转移培训

73. 农村劳动力转移培训是面向（　）开展的技能培训。

A. 生产工人　　B. 下岗失业人员

C. 城乡劳动者　　D. 进城务工的农村劳动者

74. （　），全国总工会办公厅印发《关于进一步做好工匠学院建设工作的通知》，从统筹推进工匠学院建设和加大支撑保障等方面对推进工匠学院建设提出了要求。

A. 2021 年 2 月　　B. 2021 年 7 月

C. 2022 年 2 月　　D. 2022 年 7 月

75. 截至 2022 年 11 月底，各地、各产业已建设各级各类工匠学院近（　）家。

A. 100　　B. 200　　C. 300　　D. 400

76. 工会已通过（　）来开展职工技能培训。

A. 推进工匠学院建设

B. 推进职工线上技能学习

C. 开展高技能领军人才境外培训

D. 以上都包括

77. （　），全国总工会开发上线“技能强国–全国产业工人技能学习平台”，邀请各行业劳动模范、工匠人才、技术专家等在线直播授课，加大对一线职工在线培训力度。

A. 2020 年 2 月　　B. 2020 年 9 月

C. 2021 年 2 月　　D. 2021 年 9 月

78. （　），“技能强国”与“全国产业工人学习社区”整合为“技能强国–全国产业工人学习社区”。

A. 2020 年 2 月　　B. 2020 年 9 月

C. 2021 年 2 月　　D. 2021 年 9 月

79. 截至 2022 年底，“技能强国–全国产业工人学习社区”共组织（　）名劳模工匠开展直播，职工学习培训人次累计达（　）亿。

A. 292　1　　B. 292　2

C. 392　1　　D. 392　2

80. 职工职业技能竞赛应坚持（　）和公开、公平、公正的原则，并与职业技能培训、职业技能鉴定、业绩考核、技术革新和生产工作紧密结合。

A. 经济效益为主

B. 社会效益为主

C. 社会效益与经济效益并重

D. 社会奖励与物质奖励并重

81. 2022 年，全国总工会推进全国产业工会职工职业技能竞赛品牌建设，选取连续举办（ ）届以上、层层组织开展、工会发挥作用显著、社会认可度高、职工参与度高、提高职业技能效果良好的技能竞赛纳入品牌化管理。

A. 两　B. 三　C. 四　D. 五

82. （ ），全国总工会办公厅印发《职工职业技能比赛授予全国五一劳动奖章管理办法》。

A. 2020 年 3 月　B. 2020 年 6 月

C. 2021 年 3 月　D. 2021 年 6 月

83. 全国总工会指导各地、各产业工会围绕产业链有序扩大（ ）的创新工作室联盟。

A. 跨区域　B. 跨行业

C. 跨企业　D. 以上都包括

84. 2013 年 4 月 28 日，习近平总书记在（ ）指出，“当代工人不仅要有力量，还要有智慧、有技术，能发明、会创新，以实际行动奏响时代主旋律”。

A. 同全国总工会新一届领导班子成员集体谈话时

B. 同全国劳动模范代表座谈时

C. 全国劳动模范和先进工作者表彰大会上的讲话中

D. 致首届大国工匠创新交流大会的贺信中

85. “十三五”期间，围绕国家重大战略、重大工程、重大项目、重点产业，组织动员（　）亿人次产业工人参与多种形式的劳动和技能竞赛。

A. 2. 3　　B. 2. 7　　C. 3. 3　　D. 3. 7

86. 2020 年，为进一步管好用好职工创新补助资金，提高一线职工技术创新能力和水平，在总结职工创新补助资金工作实践基础上，修订印发了（　）。

A. 《新时期产业工人队伍建设改革方案》

B. 《职工创新补助资金管理办法》

C. 《关于广泛深入持久开展“五小”活动的指导意见》

D. 《关于强化企业技术创新主体地位全面提升企业创新能力的意见》

87. 2022 年，（　）个项目获得职工创新补助资金。

A. 32　　B. 38　　C. 40　　D. 54

88.《职工创新补助资金管理办法》共（ ）章（ ）条。

A. 五 22　　B. 五 24

C. 七 22　　D. 七 24

89.《职工创新补助资金管理办法》在第四章设计了一套严格而复杂的申报与确定程序，包括补助项目的申报条件和要求、补助项目及金额确定的流程，具体设（ ）四个程序。

A. 初审、复审、评审和公示

B. 初审、形式审查、评审和公示

C. 初审、复审、形式审查和公示

D. 资格认定、初审、评审和公示

90. 自（ ）年职工创新补助资金设立，全国总工会每年组织职工创新补助资金项目的申报、推荐和评审工作。

A. 2013　　B. 2014　　C. 2015　　D. 2016

91. 职工创新成果推荐包括（ ）。

A. 国家科学技术进步奖推荐

B. 全国创新争先奖推荐

C. 中国专利奖推荐

D. 以上都包括

92. 开展全国职工优秀技术创新成果交流活动，是深入实施（ ）的重要举措。

A. 科教兴国战略　　B. 人才强国战略

C. 创新驱动发展战略　　D. 以上都包括

93. 在全国职工优秀技术创新成果交流活动中积极推荐（ ）的创新成果。

A. 涉及国家机密

B. 能够显著提高劳动生产率、产品质量

C. 存在知识产权争议

D. 政府投资或企业组织专业技术人员攻关取得

94. （ ）是首位经全国总工会推荐获国家科技进步奖的女职工。

A. 黄金娟　　B. 曹淑敏

C. 何光华　　D. 付巧妹

95. 全国创新争先奖每（　）年评选表彰一次。

A. 一　B. 两　C. 三　D. 五

96. （　）是国家级表彰奖励，是知识产权领域的最高奖项。

A. 国家科技进步奖　　B. 全国创新争先奖

C. 中国专利奖　　D. 全国工人先锋号

97. 中国专利奖每（　）年评选一次。

A. 一　B. 两　C. 三　D. 五

98. 全国总工会自（　）年起正式成为中国专利奖的推荐单位，每年可推荐（　）个专利项目。

A. 2016　10　　B. 2016　15

C. 2017　10　　D. 2017　15

99. 职工创新服务包括（　）。

A. 知识产权服务　　B. 创新指导服务

C. 创新成果展示交流　　D. 以上都包括

100. 首届大国工匠创新交流大会首次组织开展职工创新成果转化签约活动，开发“首届大国工匠创新交流大会线上签约管理系统”，共有（　）项职工创新成果在线签订成果转化意向书，总金额达84.86亿元。

A. 385　　B. 395　　C. 485　　D. 495

101. 我国的劳模表彰制度在（　）初现雏形，在（　）蓬勃发展并逐步制度化，并在（　）得到正式确立。

A. 中华苏维埃时期　延安时期　新中国成立后

B. 中华苏维埃时期　改革开放初期　新中国成立后

C. 延安时期　改革开放初期　新中国成立后

D. 中华苏维埃时期　延安时期　改革开放初期

102. （　）被称为“边区工人一面旗帜”。

A. 赵占魁　　B. 吴运铎

C. 甄荣典　　D. 孟泰

103. （　）被称为“兵工事业开拓者”。

A. 甄荣典　　B. 吴运铎

C. 孟泰　　D. 王进喜

104. （　）被称为“新劳动运动旗手”。

A. 甄荣典　　B. 孟泰

C. 邓稼先　　D. 蒋筑英

105. （　）被称为“高炉卫士”。

A. 王进喜　　B. 蒋筑英

C. 孟泰　　D. 时传祥

106. （　）被称为“铁人”。

A. 赵占魁　　B. 吴运铎

C. 孟泰　　D. 王进喜

107. （　）被称为“两弹元勋”。

A. 甄荣典　　B. 吴运铎

C. 孟泰　　D. 邓稼先

108. （　）被称为“知识分子的杰出代表”。

A. 蒋筑英　　B. 甄荣典

C. 吴运铎　　D. 孟泰

109. （　）被称为“宁肯一人脏、换来万人净”。

A. 甄荣典　　B. 时传祥

C. 孟泰　　D. 邓稼先

110. （　）被称为“蓝领专家”。

A. 孔祥瑞　　B. 窦铁成

C. 孟泰　　D. 甄荣典

111. （　）被称为“金牌工人”。

A. 孟泰　　B. 蒋筑英

C. 窦铁成　　D. 甄荣典

112. “新时期铁人”是指（　）。

A. 王启民　　B. 王进喜

C. 邓建军　　D. 王顺友

113. “晚上 19 点钟的太阳”是指（　）。

A. 徐虎　　B. 赵占魁

C. 吴运铎　　D. 王启民

114. “知识工人”是指（　）。

A. 孟泰　B. 蒋筑英

C. 王进喜　D. 邓建军

115. “马班邮路”是指（　）。

A. 许振超　B. 王顺友

C. 吴登云　D. 甄荣典

116. “白衣圣人”是指（　）。

A. 许振超　B. 王顺友

C. 吴登云　D. 吴大观

117. “中国航空发动机之父”是指（　）。

A. 吴大观　B. 赵占魁

C. 吴运铎　D. 王启民

118. “新时代雷锋”是指（　）。

A. 许振超　B. 郭明义

C. 巨晓林　D. 高凤林

119. “工人导师”是指（　）。

A. 吴运铎　　B. 郭明义

C. 巨晓林　　D. 高凤林

120. “金手天焊”是指（　）。

A. 许振超　　B. 孟泰

C. 巨晓林　　D. 高凤林

121. （　）是新中国成立后的劳动模范。

A. 赵占魁　　B. 吴运铎

C. 王进喜　　D. 甄荣典

122. （　）是改革开放和社会主义现代化建设新时期的劳动模范。

A. 孟泰　　B. 邓稼先

C. 蒋筑英　　D. 窦铁成

123. 全国工农兵劳动模范代表会议（第一次全国劳模表彰大会）是在（　）年召开。

A. 1943　　B. 1948　　C. 1950　　D. 1956

124. 全国总工会从（　）年开始，除召开全国劳模表彰大会的年份外，每年“五一”国际劳动节前夕都进行全国五一劳动奖状、奖章的评选表彰。

A. 1950　B. 1956　C. 1979　D. 1985

125. 从（　）年起，将全国五一劳动奖状和全国五一劳动奖章统称为全国五一劳动奖。

A. 2008　B. 2012　C. 2016　D. 2017

126. 从1950年到2020年，工会组织协助党和政府成功召开了（　）次全国劳模表彰大会。

A. 14　B. 16　C. 18　D. 20

127. 劳模的评选表彰对象是在社会主义经济建设、政治建设、文化建设、（　）等方面作出重大贡献，取得突出成绩的工人、农民、科教人员、管理人员、机关工作人员及其他社会各阶层人员。

A. 社会建设　B. 生态文明建设

C. 党的建设　D. 以上都包括

128. “全国劳动模范”授予（　）。

A. 企业职工、农民和其他劳动者

B. 机关事业单位职工

C. 中国籍员工

D. 以上都包括

129. “全国先进工作者”授予（ ）。

A. 企业职工、农民和其他劳动者

B. 机关事业单位职工

C. 中国籍员工

D. 以上都包括

130. “全国五一劳动奖状”授予（ ）。

A. 企业职工、农民和其他劳动者

B. 机关事业单位职工

C. 在我国境内依法注册或登记的企业、事业、机关、社会组织及其他组织

D. 企业、事业、机关、社会组织及其他组织所属的部门或单位

131. “全国五一劳动奖章”授予（ ）。

A. 企业职工、农民和其他劳动者

B. 机关事业单位职工

C. 中国籍员工

D. 以上都包括

132. “全国工人先锋号”授予（　）。

A. 企业职工、农民和其他劳动者

B. 机关事业单位职工

C. 在我国境内依法注册或登记的企业、事业、机关、社会组织及其他组织

D. 企业、事业、机关、社会组织及其他组织所属的部门或单位

133. 在全国劳模评选中，2020 年规定，企业一线工人和专业技术人员不低于企业职工人选的（　），企业负责人不超过企业职工人选的（　），中小微企业负责人应有一定代表，农民工不低于农民人选的（　）。

A. 35%　20%　25%　　B. 35%　22%　20%

C. 57%　20%　25%　　D. 57%　25%　20%

134. 2022 年全国五一劳动奖和全国工人先锋号的推荐评选通知要求，产业工人不低于（　），其他一线职工和专业技术人员不低于（　），科教人员不低于（　），农民工不低于（　）。

A. 35%　20%　10%　10%

B. 35%　20%　20%　10%

C. 45%　20%　10%　10%

D. 45%　20%　20%　10%

135. 具体来讲，新中国成立初期劳模的主要评选条件是（　）。

A. 创造工作与生产各方面的最高标准

B. 采用比较先进的生产技术创造比较先进的定额

C. 把革命热情和科学精神结合起来，把冲天干劲和技术革命结合起来

D. 坚持四项基本原则、拥护改革开放总方针

136. 劳模推荐评选的程序包括（　）。

A. 民主推荐程序　　B. “两审三公示”程序

C. 特别审查程序　　D. 以上都包括

137. 从（　）年起，全国劳模表彰只设立“全国劳动模范”和“全国先进工作者”两个称号。

A. 1950　　B. 1956　　C. 1985　　D. 1989

138. 1989 年以后，劳动模范的奖励实行（　），并逐渐加大了（　）的力度。

A. 以物质奖励为主　物质奖励

B. 以精神鼓励为主　精神奖励

C. 精神鼓励与物质奖励并重　物质奖励

D. 精神鼓励与物质奖励并重　精神奖励

139. 1995 年以来，全国劳模表彰采取一次性奖励的方式，2020 年每人奖金为（　）元。

A. 3000　　B. 5000　　C. 10000　　D. 30000

140. 自 1989 年起，一般每（　）年召开一次全国劳动模范和先进工作者表彰大会。

A. 两　　B. 三　　C. 四　　D. 五

141. 劳模的日常管理工作包括（　）。

A. 劳模档案信息管理

B. 劳模身份的认定和比照享受待遇的规定

C. 荣誉的撤销

D. 以上都包括

142. 劳模管理服务工作的联系制度建设不包括（　）。

A. 定期召开劳模座谈会

B. 建立定期走访、慰问制度

C. 重视劳模来信、来访，热情接待，选择重点来信回复

D. 密切关注、加强联系

143. 劳模管理工作由（　）负责。

A. 政府　　B. 各级工会

C. 企业　　D. 社区

144. 对于（　）的劳模，应重在教育。

A. 为获取荣誉故意隐瞒真实情况、弄虚作假

B. 犯一般性错误和表现一般

C. 因犯罪被依法判处刑罚

D. 有其他严重违纪、违法等行为

145. 发挥劳模的示范引领作用具体体现在（　）。

A. 为劳模发挥作用搭建平台

B. 创建劳模和工匠人才创新工作室

C. 发挥劳模参政议政作用

D. 以上都包括

146. 全国总工会于（　）制定出台了《关于进一步深化劳模和工匠人才创新工作室创建工作的意见》和《全国示范性劳模和工匠人才创新工作室命名管理工作暂行办法》，进一步规范全国示范性创新工作室的运作。

A. 2016 年 2 月　　B. 2016 年 7 月

C. 2017 年 2 月　　D. 2017 年 7 月

147. 全国示范性创新工作室命名工作自下而上进行，由（　）根据申报条件层层申报。

A. 所在单位　　B. 所在单位工会

C. 所在单位主管部门　　D. 科研机构

148. 近年来，全国总工会下发了（　），为把劳模吸收进入各级工会领导机关提供了制度依据。

A. 《中共中央关于加强和改进党的群团工作的意见》

B. 《关于做好从劳动模范中选拔工会专兼职干部的指导意见》

C. 《关于充分发挥全国总工会劳模兼职副主席作用的暂行办法》

D. 《关于全国总工会机关从劳模和一线优秀工会工作者中考录遴选机关干部工作的意见》

149. 2022 年 9 月 2 日，全国总工会联合湖南省委、省政府在（　）举办了首届大国工匠论坛。

A. 湖南长沙　　B. 湖南株洲

C. 湖南湘潭　　D. 湖南常德

150. 中央财政自（　）年起设立了全国劳模专项补助资金。

A. 2000　　B. 2001　　C. 2002　　D. 2003

151. 我国第一部有关劳动安全卫生的法律是（　）。

A. 《工厂安全卫生规程》

B. 《矿山安全条例》

C. 《安全生产法》

D. 《矿山安全法》

152. 工会劳动保护组织是指负责工会劳动保护工作的（　）的统称。

A. 职能机构和工会基层组织

B. 职能机构和工会劳动保护监督检查组织网络

C. 政府部门和职能机构

D. 政府部门和工会劳动保护监督检查组织网络

153. 工会劳动保护职能机构由（　）三级组成。

A. 国家、地方、企业　　B. 省、市、区

C. 公司、工厂、部门　　D. 中央、地方、基层

154. 《工会劳动保护监督检查员工作条例》第三条规定："在（　）中设立工会劳动保护监督检查员。"

A. 省总工会、市产业工会

B. 县（含）以上总工会、产业工会

C. 乡镇工会、县产业工会

D. 集团工会、企业工会

155. 为弥补工会劳动保护干部在专业知识方面的不足，可聘请（　）作为兼职工会劳动保护监督检查员。

A. 在某一专业领域有较深造诣的专家

B. 工程技术人员

C. 高等院校的劳动安全卫生专业教授

D. 以上都包括

156. 全国总工会、省（区、市）总工会、全国产业工会、省辖市总工会、县（区）总工会对工会劳动保护监督检查员有（　）。

A. 监督权　　B. 审查权

C. 任命权　　D. 审批任命权

157. 工会劳动保护监督检查员实行（　）级任命制度。

A. 二　　B. 三　　C. 四　　D. 五

158. 工会劳动保护监督检查员任命前必须经过（　）。

A. 劳动保护岗位培训

B. 体能测试

C. 劳动保护岗位培训并考核合格

D. 初审、复审、面试、公示

159. 工会劳动保护监督检查员证件由（　）统一印制。

A. 工会劳动保护部门

B. 全国总工会

C. 政府部门

D. 培训单位

160. 一般来说，企事业、车间职工人数（　）人以下的，可建立工会劳动保护监督检查小组。

A. 50　　B. 60　　C. 80　　D. 100

161. 工会劳动保护监督检查委员会委员可从工会劳动保护干部及热心于劳动保护工作的企业、车间一线工人、工程技术人员、医务人员、行政职能部门的干部中推选，但行政管理人员不得超过委员会总人数的（　）。

A. 二分之一　　B. 三分之一

C. 四分之一　　D. 三分之二

162. 工会劳动保护监督检查委员会的委员数量应根据企业、车间职工人数的多少来确定，一般由（　）人组成。

A. 3—5　　B. 5—10

C. 5—15　　D. 10—25

163.《工会小组劳动保护检查员工作条例》第二条规定：“在（　）中，设立工会小组劳动保护检查员。”

A. 县（含）以上总工会、产业工会

B. 企事业工会及所属分厂、车间工会

C. 工、交、财贸、基本建设等行业的企事业生产班组

D. 基层工会联合会

164. 工会小组劳动保护检查员由（　）推选产生。

A. 所在班组领导　　B. 所在班组职工群众

C. 所在企事业单位　　D. 工会组织

165. （　）是工会参与的基础，（　）是工会参与的最高形式。

A. 基层参与　宏观参与

B. 宏观参与　基层参与

C. 上层参与　宏观参与

D. 宏观参与　上层参与

166. 工会劳动保护工作中的宏观参与不包括（　）。

A. 国家立法参与　　B. 地方立法参与

C. 宏观决策参与　　D. 基层决策参与

167. 《全民所有制工业企业法》规定职代会可以行使的职权不包括（　）。

A. 审议建议权　　B. 审查同意或否决权

C. 评议监督权　　D. 任命权

168. 一般来讲，提交职代会审查的劳动保护措施应包括（　）。

A. 劳动安全、劳动卫生、劳动防护用品

B. 安全技术措施费用

C. 劳动保护奖惩制度

D. 以上都包括

169. 职代会行使劳动保护审查同意或否决权的程序是（　）。

A. 协商草案、会中审议、表决实施

B. 会前讨论、会中审议、表决实施

C. 协商草案、会前讨论、会中审议、表决实施

D. 以上都不是

170. （　）是行使职代会劳动保护民主管理职权的专门工作机构。

A. 安全生产委员会

B. 工会劳动保护监督检查委员会

C. 职代会劳动保护专门委员会

D. 工会劳动法律监督委员会

171. 职代会劳动保护专门委员会的主任或小组长通常由（　）出任。

A. 企业主要负责人　　B. 行政管理部门负责人

C. 安全生产部门负责人　D. 工会部门负责人

172. 安全检查按（　）分类，包括全国性安全检查、区域性安全检查、行业性安全检查、企业安全检查、车间和班组安全检查等。

A. 检查范围　　B. 检查时间跨度

C. 检查对象　　D. 组织者

173. 安全生产检查的具体方法包括（　）。

A. 深入现场实地观察

B. 召开汇报会、座谈会、调查会

C. 查阅有关文件和资料

D. 以上都包括

174. 建设项目“三同时”是安全生产工作的一项（　）保障。

A. “事前”　　B. “事中”

C. “事后”　　D. 以上都包括

175. 生产性建设和全厂性技术改造工程项目的职业卫

生和安全设施“三同时”审查，主要是对建设项目的众多阶段中重要的三个阶段进行审查，具体是指（　）。

A. 可行性研究阶段、初步设计阶段、建设准备阶段

B. 可行性研究阶段、初步设计阶段、建设实施阶段

C. 可行性研究阶段、初步设计阶段、竣工验收阶段

D. 初步设计阶段、建设实施阶段、竣工验收阶段

176. （　）属于建设项目竣工验收阶段的审查内容。

A. 职业病危害预评价报告审查

B. 建设项目安全预评价报告

C. 职业病防护设施设计专篇审查

D. 职业病危害控制效果评价报告审查

177. 伤亡事故中的重大事故是指（　）。

A. 一次死亡 1—2 人的事故

B. 一次死亡 3—9 人的事故

C. 一次死亡 10—29 人的事故

D. 一次死亡 30 人以上（含 30 人）的事故

178. 伤亡事故中的重伤事故是指（ ）。

A. 损失1个工作日以上（含1个工作日）、28个工作日以下的伤害

B. 损失28个工作日以上（含28个工作日）、60个工作日以下的伤害

C. 损失60个工作日以上（含60个工作日）、105个工作日以下的伤害

D. 损失105个工作日以上（含105个工作日）、最多不超过6000个工作日的伤害

179. 发生一次死亡3人以上的伤亡事故，省（区、市）总工会或产业工会的劳动保护部门须在事故发生（ ）小时内用快速方式报全国总工会劳动和经济工作部。

A. 2　　B. 12　　C. 24　　D. 48

180. 伤亡事故中的特别重大事故由（ ）组织调查。

A. 国务院　　B. 省级人民政府

C. 市级人民政府　　D. 区县人民政府

181. 伤亡事故中的较大事故由（　）组织调查。

A. 国务院　　B. 省级人民政府

C. 市级人民政府　　D. 区县人民政府

182. （　）属于行政处分。

A. 降职　　B. 罚款

C. 没收违法所得　　D. 行政拘留

183. 生产经营单位发生生产安全事故造成人员伤亡、他人财产损失的，应当依法承担（　）责任。

A. 经济　　B. 刑事

C. 行政　　D. 民事

184. 最常见的班组安全检查形式是“一班三检”制，具体是指（　）。

A. 班前、班中、班后进行安全检查

B. 每个班组每日须进行三次安全检查

C. 每个班组每日开始生产前，进行三次安全检查

D. 每个班组每日生产结束后，进行三次安全检查

185. 班组安全活动文明生产活动（“5S”活动）具体

是指（　）。

A. 规划、整顿、清扫、清洁、素养

B. 整理、整顿、清扫、勤劳、素养

C. 整理、整顿、清扫、清洁、素养

D. 规划、整顿、清扫、清洁、勤劳

186. 劳动保护教育培训的方法有（　）。

A. 讲授　　B. 参观

C. 讨论　　D. 以上都包括

187. “安康杯”竞赛活动是（　）由内蒙古包头市总工会等单位发起的。

A. 20 世纪 80 年代初期

B. 20 世纪 80 年代中期

C. 20 世纪 90 年代初期

D. 20 世纪 90 年代中期

188. 全国“安康杯”竞赛活动每（　）年表彰一次。

A. 一　　B. 两　　C. 三　　D. 五

189. 全国“安康杯”竞赛活动优胜单位、优胜班组

（ ）授予，优秀组织单位、优秀个人（ ）授予。

A. 可重复 可重复　　B. 可重复 不重复

C. 不重复 可重复　　D. 不重复 不重复

190. 全国“安康杯”竞赛表彰对象应（ ）产生，评选工作严格执行（ ）程序。

A. 自上而下、层层选拔 “两审一公示”

B. 自上而下、层层选拔 “两审两公示”

C. 自下而上、层层选拔 “两审一公示”

D. 自下而上、层层选拔 “两审两公示”

191. 在审议合同草案的基础上，职代会以（ ）方式对劳动安全卫生专项集体合同草案进行表决。

A. 现场讨论　　B. 举手投票

C. 无记名投票　　D. 记名投票

192. 职代会应当有（ ）以上的职工代表或者职工出席，且须经全体职工代表或者全体职工（ ）以上同意，劳动安全卫生专项集体合同草案方获通过。

A. 半数　半数

B. 三分之二　半数

C. 半数　三分之二

D. 三分之二　三分之二

193. 自签字之日起（　）日内，工会方要积极协助企业方将劳动安全卫生专项集体合同文本一式三份报送劳动保障行政部门，尤其对合同签约主体资格、合同内容、签订程序进行合法性的审查备案，在（　）日内未提出异议的即行生效。

A. 7　10

B. 7　15

C. 10　10

D. 10　15

194. 以下不属于劳动安全卫生专项集体合同的企业外部监督检查主体的是（　）。

A. 企业行政

B. 政府的劳动保障部门

C. 工会

D. 职工

195. 职工代表安全巡视活动应当每（　）进行一次。

A. 周　　B. 月

C. 季度　　D. 半年

196. 经过数次修订，2013 年 12 月 23 日发布的《职业病分类和目录》将职业病增至（　）。

A. 9 类 129 种　　B. 10 类 129 种

C. 9 类 132 种　　D. 10 类 132 种

197. 职业病危害因素中的物理因素不包括（　）。

A. 生产性噪声　　B. 电磁辐射

C. 金属和类金属　　D. 振动

198. 职业病危害控制的优先顺序为（　）。

A. 消除、替代、工程控制、管理控制、个人防护

B. 消除、替代、管理控制、工程控制、个人防护

C. 个人防护、消除、替代、工程控制、管理控制

D. 个人防护、消除、替代、管理控制、工程控制

199. 职业危害事件中的重大事故是指（　）。

A. 造成 3 人以下死亡，或者 10 人以下重伤，或者 1000 万元以下直接经济损失的事故

B. 造成3人以上10人以下死亡，或者10人以上50人以下重伤，或者1000万元以上5000万元以下直接经济损失的事故

C. 造成10人以上30人以下死亡，或者50人以上100人以下重伤，或者5000万元以上1亿元以下直接经济损失的事故

D. 造成30人以上死亡，或者100人以上重伤（包括急性工业中毒），或者1亿元以上直接经济损失的事故

200. 警示线是界定和分隔危险区域的标识线，分为（　）三种。

A. 红色、黄色和蓝色

B. 红色、蓝色和绿色

C. 红色、黄色和绿色

D. 蓝色、黄色和绿色

多项选择题

扫码闯关答题

1. 工会经济技术工作是工会组织开展的旨在（　）的一系列活动。

A. 激发职工主人翁精神

B. 调动职工积极性

C. 团结动员职工投身国家经济建设

D. 提高职工安全意识

2. 工会劳动保护工作是工会根据法律赋予的职权，监督企业和有关方面（　），发动职工群众（　），督促企业（　），维护职工在生产劳动过程中的（　）。

A. 贯彻国家有关劳动安全卫生的法律法规

B. 参与安全生产和职业病防治工作

C. 不断改善劳动条件

D. 安全与健康合法权益

3. 工会经济技术工作的作用包括（　）。

A. 有利于调动和发挥职工的积极性、创造性

B. 有利于提高职工技能水平和创新能力

C. 有利于推动技术进步

D. 有利于从根本上维护职工利益

4. 工会作为职工利益的（　），在劳动保护工作中具有独特的地位，在维护职工安全健康权益中发挥着重要作用。

A. 代表者　　B. 发言者

C. 维护者　　D. 拥护者

5. 我国（　）等相关法律对工会劳动保护的地位和劳动者获得劳动保护的权利作出了明确的规定。

A.《劳动法》　　B.《工会法》

C.《安全生产法》　　D.《职业病防治法》

6. 工会劳动保护工作的作用包括（　）。

A. 发挥群众性安全生产的作用

B. 肩负着提高职工安全意识和安全技能的重任

C. 有利于推动技术进步

D. 为国民经济持续健康发展提供保障

7. 工会经济技术工作的主要任务包括（　）。

A. 提高职工技术技能素质

B. 推动实施创新驱动发展战略和制造强国战略

C. 参与安全生产和职业病防治工作政策、法律法规等的研究制定

D. 推进供给侧结构性改革

8. 我国产业工人主要是指在第一产业的（　），第二产业的（　），以及第三产业的（　）等行业中从事集体生产劳动，以工资收入为生活来源的工人。

A. 农场、林场

B. 畜牧业、渔业

C. 采矿业、制造业、建筑业和电力、热力、燃气及水生产和供应业

D. 交通运输、仓储及邮政业和信息传输、软件和信息技术服务业

9. 优秀的产业工人可以获得（　）等表彰和奖励。

A. “全国技术能手”

B. “国家科学技术进步奖”

C. “全国五一劳动奖章”

D. “七一勋章”

10. 下列文件中，与产业工人切身利益相关的有（　）。

A. 《关于加强和改进新时代产业工人队伍思想政治工作的意见》

B. 《中华全国总工会关于进一步深化劳模和工匠人才创新工作室创建工作的意见》

C. 《关于充分发挥工会在建设知识型、技术型、创新型技术工人队伍中作用的意见》

D. 《保障农民工工资支付条例》

11. 产业工人队伍建设改革的意义包括（　）。

A. 巩固党长期执政的阶级基础和群众基础的迫切需要

B. 实施制造强国战略的迫切需要

C. 推动高质量发展的迫切需要

D. 满足职工群众对美好生活向往的迫切需要

12. 2019 年 9 月，习近平总书记对我国技能选手在第 45 届世界技能大赛上取得佳绩作出重要指示，强调要（ ）。

A. 健全技能人才培养、使用、评价、激励制度

B. 大力发展技工教育

C. 大规模开展职业技能培训

D. 加快培养大批高素质劳动者和技术技能人才

13. 《新时期产业工人队伍建设改革方案》明确提出，推进新时期产业工人队伍建设改革必须（ ）。

A. 坚持党的领导，把握正确方向

B. 坚持服务大局，发挥支撑作用

C. 坚持以人为本，落实主体地位

D. 坚持问题导向，勇于改革创新

14. 产业工人队伍建设改革的专题培训机制主要包括（ ）。

A. 开展分级分类培训　　B. 加强师资队伍建设

C. 加强关键绩效评价　　D. 开展网络专题培训

15. 根据竞赛内容的不同，劳动和技能竞赛可划分为三类，即（　）。

A. 生产型竞赛　　B. 智能型竞赛

C. 创新型竞赛　　D. 技能型竞赛

16. 劳动和技能竞赛的功能包括（　）。

A. 创新功能　　B. 创造功能

C. 激励功能　　D. 教育功能

17. 劳动和技能竞赛具有（　）的特点。

A. 个体性　　B. 群众性

C. 广泛性　　D. 民主性

18. 劳动和技能竞赛的广泛性表现为（　）。

A. 参与者的广泛性　　B. 竞赛内容的广泛性

C. 竞赛影响的广泛性　　D. 竞赛时间的广泛性

19. 开展劳动和技能竞赛应遵循的法律依据是（　）。

A.《宪法》　　B.《劳动法》

C. 《工会法》　　　　　　D. 《中国工会章程》

20. 改革开放初期到20世纪末的劳动和技能竞赛的显著特点是，充分发挥（　），与（　）相互促进，改善（　），提高（　），向管理要效益、要质量，为增强企业活力服务。

A. 职工群众的积极性和创造性

B. 经济责任制

C. 企业经济管理

D. 企业管理水平

21. 劳动和技能竞赛的组织形式包括（　）。

A. 重大工程竞赛

B. 促进区域发展全国示范性竞赛

C. 全国引领性劳动和技能竞赛

D. 职工节能减排竞赛

22. 班组建设遵循的原则是（　）。

A. 适应企业发展需要原则

B. 促进职工全面发展原则

C. 继承为主、创新为辅原则

D. 行政管理为主原则

23. 班组建设要以（　）为指导，以（　）为核心，以（　）为重点，以（　）为载体，不断提高班组工作水平，促进企业健康稳定发展。

A. 习近平新时代中国特色社会主义思想

B. 提高班组管理水平

C. 提升班组成员整体素质

D. 开展班组创先争优劳动和技能竞赛及创建“工人先锋号”活动

24. 工会加强班组建设工作的主要方法包括（　）。

A. 开展班组升级竞赛活动

B. 健全班组行政管理制度

C. 开展建设“职工小家”活动

D. 组织群众性质量提升活动

25. 开展职工技能培训是工会提高（　）的重要手段，是工会贯彻落实（　）、推动（　）、实施（　）

的具体措施，在培养高技能人才和提高职工职业技能水平方面具有重要作用。

A. 职工技术技能素质　　B. 人才强国战略

C. 高质量发展　　D. 制造强国战略

26. 职工技能培训是按照（　）和（　）进行的规范性培训。

A. 国家职业分类　　B. 企业职业分类

C. 职业技能标准　　D. 企业技能标准

27. 职工技能素质提升的主要内容是（　）。

A. 开展职工技能培训

B. 开展职工职业技能比赛

C. 帮助职工制订职业生涯规划

D. 帮助职工获取工资以外的福利

28. 企业内部开展技能培训应注意要（　）。

A. 大力宣传党和国家高度重视职工队伍建设、加强高技能人才培养的方针政策

B. 根据企业生产经营的实际需要和科研生产的关

键、难点，不断改善培训手段和教学方法

C. 突出技能培训的创新性和效益性

D. 注重有效利用各种培训资源

29. 职业技能培训是指以提高职工职业技能为目的的（　）。

A. 职业资格培训

B. 技术等级培训

C. 再就业职业技能培训

D. 劳动就业职业技能培训

30. 近年来，各省（区、市）总工会、各全国产业工会通过（　）等多种方式开展了工匠学院建设工作。

A. 自建

B. 与企业共建

C. 与职业院校（高校、技工院校）联合办学

D. 依托劳模和工匠人才创新工作室

E. 建设线上平台

31. 三级职工职业技能竞赛体系包括（　）。

A. 国家级技能竞赛

B. 各地方总工会开展的各项职工职业技能竞赛

C. 各级企事业单位开展的职工职业技能竞赛

D. 职工自发组织的职工职业技能竞赛

32. 职工职业技能竞赛是依据（　），结合企事业单位（　）开展的以（　）和（　）为重点的、有组织的群众性竞赛活动。

A. 国家职业技能标准　　B. 生产和经营工作实际

C. 操作技能　　D. 解决实际问题能力

33. 职工技术创新工作包括（　）。

A. 群众性技术创新活动

B. 职工创新补助资金

C. 职工创新成果评选与推荐

D. 职工创新服务

34. 近年来，职工创新补助工作取得了一定成效，但也存在一定问题，主要表现在（　）。

A. “专精特新”、“高精尖缺”项目较少

B. 部分单位对项目的监督管理不够及时

C. 部分单位对项目的监督管理不够规范

D. 项目的引领带动作用还需要进一步增强

35. 各地工会在申报国家科技进步奖时，应确保项目具有（　）的特点。

A. 技术创新性突出

B. 经济效益或社会效益显著

C. 经济效益和社会效益显著

D. 推动行业科技进步作用明显

36. （　）的培养、选树、评选、表彰、宣传、管理、服务工作通常称为劳模工作。

A. 劳模（包括劳动模范和先进工作者）

B. 五一劳动奖（包括五一劳动奖状、奖章）

C. 工人先锋号

D. 三八红旗手

37. 从新中国成立初期的“劳模运动”、“先进生产者运动”到（　），工会始终坚持把推动群众性学赶先进活动作为自己的一项重要工作。

A. “为四化立功活动”

B. “学赶先进活动”

C. “职工经济技术创新工程”

D. “创先争优建功立业”劳动竞赛

38. 劳模推荐评选工作的基本原则包括（　）。

A. 坚持公开、公平、公正的原则

B. 面向基层、面向一线、面向普通劳动者

C. 突出时代性、先进性、代表性

D. 实行组织推荐

39. 在全国五一劳动奖的推荐评选中，对一线工人和技术人员、科教人员、农民工等要求（　），对企业负责人、领导干部的比例进行严格限制，并根据经济社会发展情况，逐渐（　）对非公有制企业及其职工的比例要求，鼓励推荐具有工匠精神的高技能人才和优秀技术工人等。

A. 最低比例　　B. 最高比例

C. 降低　　D. 提高

40. 各级劳模的推荐评选条件包括（　）。

A. 坚定的政治立场和信念

B. 广泛的代表性

C. 突出的先进性

D. 鲜明的时代性

41. 全国五一劳动奖和全国工人先锋号的推荐对象均应（　）产生。

A. 自下而上　　B. 自上而下

C. 优中选优　　D. 层层选拔

42. 加强劳模管理服务工作的制度建设包括（　）。

A. 管理制度　　B. 关爱制度

C. 联系制度　　D. 教育培养制度

43. 做好劳模的管理服务工作，具体包括（　）。

A. 建立健全相关制度

B. 做好劳模的日常管理工作

C. 发挥劳模的示范引领作用

D. 弘扬劳模精神、劳动精神、工匠精神

E. 关心关爱劳模

44. 劳模管理工作按照（　）的原则。

A. 分级负责　　B. 属地负责

C. 分级管理　　D. 属地管理

45. 对于（　）表彰奖励获得者，撤销其全国五一劳动奖章荣誉称号，收回证书、奖章，终止其享受的相关待遇。

A. 犯一般性错误和表现一般的

B. 受到开除党籍或留党察看处分的

C. 受到刑事处分的

D. 非法离境的

46. 全国示范性创新工作室的推荐申报对象必须（　），同时还应具备《全国示范性劳模和工匠人才创新工作室命名管理工作暂行办法》所规定的条件。

A. 工作有计划　　B. 活动有开展

C. 创新有成果　　D. 成果有收益

47. 弘扬劳模精神、劳动精神、工匠精神的具体做法包括（　）。

A. 加大劳模精神宣传力度

B. 提高物质奖励

C. 营造良好社会氛围

D. 叫响做实“大国工匠”品牌

48. 关心关爱劳模生活的方式包括（　）。

A. 组织劳模疗休养

B. 组织劳模健康体检

C. 及时解决劳模在生产中遇到的困难

D. 切实解决劳模的生活困难

49. 从2020年起，全国劳模专项补助资金的使用范围调整为劳模生活困难补助、特殊困难帮扶、春节慰问、（　）。

A. 重要节日和纪念日走访慰问

B. 疗休养补助

C. 健康体检补助

D. 荣誉津贴

50. 担任工会劳动保护监督检查员的人员应（　）。

A. 具有本科以上文化程度

B. 具有大专以上文化程度

C. 熟悉和掌握有关劳动安全卫生法律法规和劳动保护业务

D. 具有一定的生产实践经验，并从事工会劳动保护工作一年以上

51. 工会劳动保护监督检查员所属（　）应为其开展工作提供（　）等工作条件和必要的（　）。

A. 企业　　B. 工会组织

C. 交通、通信　　D. 工作经费

52. 工会劳动保护监督检查员的职责包括（　）。

A. 立法和决策参与

B. 监督隐患整改

C. 参加事故和职业危害事件调查处理

D. 参加“三同时”审查验收

53. 《基层工会劳动保护监督检查委员会工作条例》第二条中规定，（　）可设立工会劳动保护监督检查委员会。

A. 企事业工会及所属分厂、车间工会

B. 乡镇工会

C. 城市街道工会

D. 基层工会联合会

54. 工会劳动保护监督检查委员会在（　）工会领导下开展工作。根据需要，工会劳动保护监督检查委员会的工作可与（　）的工作相结合。

A. 上级

B. 同级

C. 职工（代表）大会的专门委员会

D. 其他行政部门

55. 工会劳动保护监督检查委员会的职责包括（　）。

A. 立法和决策参与

B. 制止“双违”和安全检查

C. 参加“三同时”审查验收

D. 维护职工劳动安全健康合法权益

56. 工会小组劳动保护检查员的工作是工会监督检查最基层的工作，具体包括（　）。

A. 每天的“一班三检”

B. 隐患整改的落实

C. 班组成员安全技能的提高

D. 留心班组成员每天的思想情绪变化

57. 工会小组劳动保护检查员的职责包括（　）。

A. 协助落实法律法规和规章制度，创建合格班组

B. 维护职工的知情权

C. 督促和协助班组开展安全教育工作

D. 督促解决安全检查中发现的隐患

58. 工会劳动保护的主要工作包括（　）。

A. 宏观参与和上层参与

B. 安全检查

C. 参加伤亡事故调查处理

D. 开展预防事故及职业病危害的各种群众性活动

E. 劳动保护教育培训

59. 工会主要通过（　）途径参与有关劳动安全卫生的决策。

A. 提交全国、地方各级人大、政协提案议案

B. 参加各级安全生产委员会

C. 参加与同级政府的联席会议

D. 举办专题讨论会

60. 集体合同中设置劳动保护条款应遵守的原则包括（　）。

A. 劳动保护内容必须符合我国现行的各种劳动保护法律法规的要求

B. 应体现广大职工的意愿和要求

C. 坚持国家标准，适当结合企业实际情况

D. 必须体现工会的维护职能

61. 制订劳动保护条款时，应注意的问题包括（　）。

A. 避免在集体合同中照抄、照搬劳动法律法规

B. 合同条款文字表述尽量严谨和准确

C. 切合企业情况，体现企业特色

D. 在合同执行过程中，不再进行修订、调整

62. 在行使劳动保护审查同意或否决权时，要坚持（　）的原则。

A. 国家法律法规与企业制度相一致

B. 全面落实“安全第一，预防为主，综合治理”的工作方针

C. 劳动防护措施费用专款专用

D. 劳动防护措施费用专款多用

63. 职代会劳动保护专门委员会的主要职责是（　）。

A. 参与审议提交职代会审议的劳动保护有关议案

B. 职代会闭会期间，审定职权范围内的需要协商解决的劳动保护问题，并向职代会报告予以确认

C. 检查、监督职代会关于劳动保护措施方案以及有关决议、提案的执行与处理

D. 向职代会报告一年内开展劳动保护检查、监督工作的情况并提出下一年度的工作计划

64. 职代会劳动保护提案一般以（　）形式提出，提出者要（　），讲清提案的（　）。

A. 口头　　B. 书面

C. 署名　　D. 理由、要求和建议

65. 安全检查的基本要求包括（　）。

A. 必须明确安全检查的目的、要求和具体计划

B. 必须坚持领导干部、专业人员和职工群众相结合的原则

C. 必须坚持先检查后整改的原则

D. 必须坚持注重实效的原则

66. 安全检查是一项综合的安全生产管理措施，是（　）的有效手段，是（　）的有效方法，是（　）的识别方法，是（　）的基础。

A. 保证安全生产目标实现

B. 企业防止、减少事故和职业病危害

C. 劳动生产环境系统危险性

D. 事故控制、系统安全性评价

67. 安全检查的主要内容包括（　）。

A. 检查政策和相关法律法规执行情况

B. 检查安全管理制度落实情况

C. 检查设施、设备安全状态及其隐患整改情况

D. 检查违章行为

68. 安全检查结果处理的原则包括（　）。

A. 先查后改的原则

B. 限期整改的原则

C. 采取防护措施的原则

D. “三定四不推”原则

69. 事故隐患是指在生产劳动中有可能导致事故，但通过采取一定办法或措施能够排除或抑制的潜在的不安全因素，包括（　）。

A. 人的不安全行为

B. 物的不安全状态

C. 工作环境的不安全状态

D. 管理方面的缺陷

70. 安全检查结果处理的“三定四不推”原则中，“三定”是指（　）。

A. 定具体负责人　　B. 定具体落实人

C. 定措施办法　　D. 定整改时限

71. 我国建设项目的工作程序主要包括（　）阶段。

A. 项目建议书

B. 可行性研究

C. 初步设计

D. 建设准备及建设实施

E. 竣工验收及项目后评价

72. 建设项目可行性研究阶段的审查内容包括（　）。

A. 安全预评价报告备案

B. 职业病危害预评价报告审查

C. 建设项目安全预评价报告

D. 职业病危害控制效果评价报告审查

73. 建设项目职业病危害预评价报告应当包括（　）。

A. 建设项目概况

B. 建设项目可能产生的职业病危害因素及其对劳动者健康危害程度的分析和评价

C. 对建设项目拟采取的职业病防护设施的技术分析和评价

D. 职业病防护设施投资预算

74. 建设项目职业病防护设施设计专篇应当包括（　）。

A. 设计的依据

B. 职业病防护设施和有关防控措施及其控制性能

C. 对建设项目职业病防护措施的建议

D. 可能出现的职业病危害事故的预防及应急措施

75. 建设项目试运行期间，建设单位应当对（　）和（　）进行监测，并委托具有相应资质的（　）进行（　）。

A. 职业病防护设施运行的情况

B. 工作场所的职业病危害因素

C. 职业卫生技术服务机构

D. 职业病危害控制效果评价

76. 工会在参加伤亡事故调查处理时要特别注意保护职工的合法权益，要注意（ ）。

A. 是否有瞒报、漏报事故的情况

B. 调查、分析事故原因和确定、处理事故责任者时，是否全面、公正

C. 职工是否依法获得工伤保险待遇和用人单位的民事赔偿

D. 无条件答应职工的赔偿要求

77. 伤亡事故是指职工在工作时间和工作场所内，因（ ）等原因所发生的人身伤害和急性中毒事故。

A. 设备和设施不安全　　B. 劳动条件不良

C. 工作环境不良　　D. 管理不善

78. 伤亡事故调查处理必须坚持尊重科学的原则，具体包括（ ）。

A. 要有科学的态度　　B. 要有科学的思维

C. 要有科学的方法　　D. 要有科学的技术手段

79. 我国生产安全事故责任主要包括（　）。

A. 承担经济责任　　B. 承担刑事责任

C. 承担行政责任　　D. 承担民事责任

80. （　）属于行政处罚。

A. 没收非法财物　　B. 吊销许可证件

C. 记过　　D. 开除

81. 《安全生产法》规定，因生产安全事故受到损害的从业人员，除依法享有（　）外，依照有关（　）法律尚有获得赔偿的权利的，有权提出赔偿要求。

A. 工伤保险　　B. 刑事

C. 行政　　D. 民事

82. 预防事故及职业病危害的群众性活动包括（　）。

A. “查隐患、堵漏洞、排险情”安全活动

B. “安康杯”竞赛

C. 百日安全竞赛

D. 班组安全竞赛

83. 班组安全管理的原则主要包括（ ）。

A. 奖励性原则　　B. 目的性原则

C. 民主性原则　　D. 实效性原则

84. 班组劳动安全卫生管理的基本内容包括（ ）。

A. 建立健全班组安全生产的各项规章制度

B. 安全目标管理

C. 班组标准化作业

D. 建立班组安全原始记录和台账

85. 为推动班组安全建设工作的开展，班组可以结合本企业、本班组的实际情况，开展一些行之有效的活动，包括（ ）。

A. 安全碰头会

B. 创建安全合格班组活动

C. 文明生产活动（“5S”活动）

D. 危险预知训练活动（KYT 活动）

86. 劳动保护教育培训的特点是（ ）。

A. 短期性和艰巨性　　B. 广泛性和实践性

C. 专业性和科学性　　　　D. 时间性和有效性

87. 工会劳动保护教育培训的对象是（　）和（　），工会可以（　）开展劳动保护教育培训，也可以（　）联合开展此项工作。

A. 各级工会劳动保护干部

B. 广大企业职工

C. 独立

D. 会同行政

88. 劳动保护教育培训的内容主要包括（　）。

A. 培育和提高广大职工的劳动安全卫生意识和自我保护意识

B. 帮助职工增强法制观念

C. 提高职工的劳动安全卫生技术技能

D. 普及安全管理基础知识

89. 劳动保护教育培训应注意的问题包括（　）。

A. 培训内容要突出针对性

B. 培训形式要突出灵活性

C. 事例要突出时效性

D. 培训效果要扎实有效

90. “安康杯”竞赛活动是一项群众性安全生产活动，“安康杯”是取（　）和（　）之意而设立的职业安全卫生工作荣誉奖杯。

A. “安心”　　　　B. “安全”

C. “健康”　　　　D. “小康”

91. 劳动安全卫生专项集体合同的内容包括（　）。

A. 劳动安全卫生组织机构和规章制度建设

B. 劳动安全卫生教育培训制度

C. 定期健康检查和职业健康监护

D. 人力资源和社会保障部门的审查意见

92. 职工代表大会审议中要把握的原则是（　）。

A. 合法的原则

B. 坚持一切从职工利益出发的原则

C. 充分体现职工意愿的原则

D. 坚持双赢目标的原则

93. 劳动安全卫生专项集体合同的企业内部监督检查主体包括（　）。

A. 政府的劳动保障部门　B. 企业行政

C. 工会　D. 职工

94. 职工代表安全巡视活动的注意事项包括（　）。

A. 做好巡视前的准备工作

B. 安全巡视的对象以职工为主

C. 安全巡视方法以随机抽查为主

D. 充分发挥安全巡视的作用

95. 根据《职业病防治法》，构成法定职业病需满足（　）。

A. 患病主体必须是用人单位的劳动者

B. 必须是在从事职业活动过程中产生的

C. 必须是因接触粉尘、放射性物质和其他有毒、有害等职业病危害因素而引起的疾病

D. 必须是国家公布的《职业病分类和目录》中所列的职业病

96. 常见职业病危害因素有（ ）。

A. 粉尘　B. 化学因素

C. 物理因素　D. 放射性因素

E. 生物因素

97. 按粉尘的性质可将粉尘分为（ ）。

A. 无机粉尘　B. 有机粉尘

C. 矿物性粉尘　D. 混合性粉尘

98. 职业病危害警示标识包括（ ）。

A. 图形标识　B. 警示线

C. 警示语句　D. 告知卡

99. 发生急性职业中毒时，现场急救包括（ ）。

A. 脱离中毒环境　B. 阻止毒物继续吸收

C. 心肺复苏　D. 对症治疗

100. 劳动者在劳动安全卫生方面必须履行的义务包括（ ）。

A. 遵守劳动安全卫生规章制度和操作规程的义务

B. 服从管理的义务

C. 正确佩戴和使用劳动防护用品的义务

D. 掌握劳动安全卫生知识与提高技术技能的义务

E. 发现安全生产和职业病危害事故隐患并及时报告的义务

参考答案

一、单项选择题

1. B	2. B	3. D	4. D	5. C
6. B	7. C	8. A	9. B	10. C
11. D	12. D	13. C	14. D	15. B
16. D	17. C	18. A	19. D	20. A
21. B	22. A	23. D	24. B	25. D
26. C	27. C	28. B	29. B	30. D
31. A	32. C	33. D	34. D	35. C
36. B	37. D	38. D	39. D	40. B
41. A	42. B	43. B	44. D	45. D
46. B	47. C	48. B	49. C	50. A
51. B	52. D	53. C	54. A	55. C
56. D	57. B	58. C	59. A	60. C
61. D	62. B	63. B	64. D	65. B

66. D	67. B	68. A	69. D	70. D
71. B	72. C	73. D	74. D	75. C
76. D	77. A	78. D	79. D	80. B
81. B	82. D	83. D	84. B	85. D
86. B	87. B	88. D	89. B	90. C
91. D	92. D	93. B	94. A	95. C
96. C	97. A	98. C	99. D	100. D
101. A	102. A	103. B	104. A	105. C
106. D	107. D	108. A	109. B	110. A
111. C	112. A	113. A	114. D	115. B
116. C	117. A	118. B	119. C	120. D
121. C	122. D	123. C	124. D	125. C
126. B	127. D	128. A	129. B	130. C
131. C	132. D	133. C	134. B	135. B
136. D	137. D	138. C	139. D	140. D
141. D	142. C	143. B	144. B	145. D
146. D	147. B	148. D	149. A	150. D
151. D	152. B	153. A	154. B	155. D

156. D	157. C	158. C	159. B	160. A
161. B	162. C	163. C	164. B	165. A
166. D	167. D	168. D	169. C	170. C
171. D	172. A	173. D	174. A	175. C
176. D	177. C	178. D	179. C	180. A
181. C	182. A	183. D	184. A	185. C
186. D	187. B	188. B	189. C	190. D
191. C	192. B	193. D	194. B	195. C
196. D	197. C	198. A	199. C	200. C

二、多项选择题

1. ABC	2. ABCD	3. ABCD	4. AC	5. ABCD
6. ABD	7. ABD	8. ACD	9. ABCD	10. ABCD
11. ABCD	12. ABCD	13. ABCD	14. ABD	15. ABD
16. BCD	17. BCD	18. ABC	19. ABCD	20. ABCD
21. ABCD	22. AB	23. ABCD	24. ACD	25. ABCD
26. AC	27. AB	28. ABD	29. ABD	30. ABCDE
31. ABC	32. ABCD	33. ABCD	34. ABCD	35. ABD
36. ABC	37. ABCD	38. ABCD	39. AD	40. ABCD
41. ACD	42. ABCD	43. ABCDE	44. AD	45. BCD
46. ABC	47. ACD	48. ABD	49. ABCD	50. BCD
51. BCD	52. ABCD	53. ABCD	54. BC	55. BCD
56. ABCD	57. ABCD	58. BCDE	59. ABCD	60. ABD
61. ABC	62. ABC	63. ABCD	64. BCD	65. ABD

66. ABCD	67. ABCD	68. BCD	69. ABCD	70. ACD
71. ABCDE	72. AB	73. ABC	74. ABD	75. ABCD
76. ABC	77. ABCD	78. ABCD	79. BCD	80. AB
81. AD	82. ABCD	83. BCD	84. ABCD	85. ABCD
86. BCD	87. ABCD	88. ABCD	89. ABD	90. BC
91. ABCD	92. ACD	93. BCD	94. ACD	95. ABCD
96. ABCDE	97. ABD	98. ABC	99. ABD	100. ABCDE